Gli 11 reali

La biografia della famiglia Regina Elisabetta II & il Principe Filippo, Harry & Meghan e altri (libro biografico per ragazzi e adulti)

Da Student Press Books

Tabella dei contenuti

Tabella dei contenuti 2

Introduzione 3

Il tuo regalo 4

Giorgio V (1865-1936) 5

Edoardo VIII (1894-1972) 8

Giorgio VI (1895-1952) 11

Elisabetta II (nata nel 1926) 14

Filippo (1921-2021) 20

Charles (nato nel 1948) 23

Diana (1961-1997) 25

William (nato nel 1982) 32

Catherine (nata nel 1982) 35

Harry (nato nel 1984) 38

Meghan (nato nel 1981) 41

Il tuo regalo 44

Libri 45

Conclusione 51

Introduzione

Incontra gli 11 reali britannici - biografie per ragazzi/e dai 12 anni in su.

Benvenuti nella serie dedicata ai leader mondiali. Questo libro vi presenta i personaggi di spicco dei reali britannici del casato di Windsor. In 11 Reali britannicitroverai le formidabili biografie di alcuni importanti personalità del Regno Unito.

Questo libro è una lettura interattiva ed educativa per i lettori di tutte le età. Partendo da Giorgio V alla Regina stessa fino ai suoi nipoti e altro ancora, è un viaggio nel tempo attraverso i secoli nel Casato di Windsor. Dalla principessa Diana a Meghan Markle con ritratti che ripercorrono oltre 120 anni di storia, questo libro avrà ogni fan dei reali ai suoi piedi!

Questi 11 reali britannici sono e sono stati più che semplici nonni. Sono leader mondiali. Questo libro racconta le storie delle loro vite e dei loro successi, con fatti e foto per aiutarti a ricordarli tutti.

Questo libro della serie Leader Mondiali comprende:

- Affascinanti biografie - Scopri gli 11 membri più importanti del Casato dei Windsor: Giorgio V, Edoardo VIII, Giorgio VI, Elisabetta II, Filippo, Carlo, Diana, William, Catherine, Harry e Meghan.
- Ritratti vivaci - Fai rivivere questi reali britannici nella tua immaginazione con l'aiuto di illustrazioni avvincenti.

Sulla serie: La serie Leader Mondiali di Student Press Books presenta nuove prospettive sui reali britannici che ispireranno i/le giovani lettori/lettrici a considerare il loro posto nella società e a conoscere la storia.

11 Reali Britannici si spinge ben oltre le altre biografie dei reali e mette in evidenza informazioni che altri libri tralasciano. Chi è il tuo reale britannico preferito?

Il tuo regalo

Hai un libro nelle tue mani.

Non è un libro qualsiasi, è un libro della Student Press Books! Scriviamo di eroi neri, donne che danno potere, mitologia, filosofia, storia e altri argomenti interessanti!

Dato che hai comprato un libro, vogliamo che tu ne abbia un altro gratis.

Tutto ciò di cui hai bisogno è un indirizzo e-mail e la possibilità di iscriverti alla nostra newsletter (il che significa che puoi cancellarti in qualsiasi momento).

Allora, cosa stai aspettando? Iscriviti oggi e richiedi il tuo libro gratis all'istante! Tutto quello che devi fare è visitare il link qui sotto e inserire il tuo indirizzo e-mail. Ti verrà inviato il link per scaricare subito la versione PDF del libro in modo da poterlo leggere offline in qualsiasi momento.

E non preoccupatevi - non ci sono fregature o costi nascosti; solo un buon vecchio omaggio da parte nostra qui a Student Press Books.

Visita subito questo link e iscriviti per ricevere la tua copia gratuita di uno dei nostri libri!

Link: https://campsite.bio/studentpressbooks

Giorgio V (1865-1936)
Ex re del Regno Unito

Il re della Gran Bretagna durante la prima guerra mondiale fu Giorgio V. Il suo regno durò dal 1910 al 1936. Durante l'atmosfera anti-tedesca degli anni della guerra, egli tagliò la connessione della famiglia reale britannica con tutto ciò che era tedesco e ribattezzò la sua linea, precedentemente Saxe-Coburg-Gotha, come la casa di Windsor.

George Frederick Ernest Albert nacque a Londra, in Inghilterra, il 3 giugno 1865. Giorgio V era il nipote della regina Vittoria e il secondo figlio del principe Alberto Edoardo, poi re Edoardo VII. Dall'età di 12 anni, fu addestrato per una carriera in marina. Era salito al grado di comandante nella Royal Navy quando la morte del fratello maggiore lo rese erede al trono all'età di 26 anni.

Giorgio V iniziò allora una formazione più specializzata per prepararlo al ruolo di monarca. Creato duca di York nel 1892, sposò nel 1893 la principessa Maria di Teck, che era stata la fidanzata del fratello di Giorgio V. Quando suo padre divenne re nel 1901, Giorgio fu fatto duca di

Cornovaglia e principe di Galles. Salì al trono alla morte del padre nel 1910.

Come re, Giorgio mantenne la saggia politica di governo costituzionale seguita da suo padre. All'inizio del suo regno, Giorgio affrontò una lotta costituzionale in cui il governo liberale stava cercando di ottenere il passaggio di una legge che limitava il potere della Camera dei Lord, la camera alta del Parlamento. I liberali si assicurarono la promessa da parte del re di creare abbastanza nuovi pari per superare l'opposizione dei conservatori alla legge nella Camera dei Lord.

Dopo che i liberali vinsero le elezioni del 1910, la Camera dei Lord cedette e approvò il Parliament Act (1911) senza che il re dovesse rispettare la sua promessa. Il rispetto per Re Giorgio aumentò notevolmente durante la Prima Guerra Mondiale, ed egli visitò più volte il fronte in Francia.

Il regno di Giorgio vide dei cambiamenti nelle relazioni tra la monarchia e le parti dell'impero britannico. In Irlanda l'Easter Rising del 1916 scatenò una ribellione che portò alla creazione dello Stato Libero d'Irlanda nel 1922. Nel 1931 il Parlamento approvò lo Statuto di Westminster, che riconosceva il diritto dello Stato Libero d'Irlanda e di altri domini all'interno del Commonwealth britannico di controllare i propri affari interni ed esteri. La corona britannica divenne l'anello di congiunzione tra la madrepatria e i domini autogestiti.

La celebrazione del giubileo d'argento di Giorgio nel 1935 diede l'opportunità al pubblico di esprimere il suo affetto e la sua ammirazione per lui. Il re morì il 20 gennaio 1936. Gli successe il figlio Edoardo, principe del Galles, che divenne Edoardo VIII. Giorgio V ebbe altri cinque figli: Alberto, duca di York, che succedette a Edoardo come Giorgio VI; Enrico, duca di Gloucester; Giorgio, duca di Kent; il principe Giovanni, che morì giovane; e Maria, la principessa reale, contessa di Harewood.

In evidenza

- Creato duca di York (maggio 1892), Giorgio V sposò (luglio 1893) la principessa Maria di Teck, che era stata la fidanzata di suo fratello.

- Creato duca di Cornovaglia e principe di Galles dopo l'adesione del padre (1901), Giorgio V succedette al padre il 6 maggio 1910 e fu incoronato il 22 giugno 1911.
- Dopo il successo liberale nelle elezioni del dicembre 1910, la Camera dei Lord cedette e approvò il Parliament Act (1911), e il re non dovette rispettare la sua promessa.
- Il rispetto per Re Giorgio aumentò notevolmente durante la prima guerra mondiale, ed egli visitò più volte il fronte in Francia.

Domande di ricerca

1. Cosa vorresti sapere sulla monarchia britannica?
2. Chi è il suo aristocratico preferito nella storia e perché?
3. Quale membro reale vorresti fosse il tuo BFF?

Edoardo VIII (1894-1972)
Ex re del Regno Unito

Edoardo VIII regnò come re del Regno Unito per meno di un anno. Abdicò, o rinunciò al trono, nel dicembre 1936 per sposare Wallis Warfield Simpson degli Stati Uniti. Fu l'unico sovrano britannico a rinunciare volontariamente alla corona.

Edoardo nacque il 23 giugno 1894 a Richmond, nel Surrey, in Inghilterra. Figlio maggiore di Giorgio, duca di York, divenne erede al trono nel 1910 quando suo padre divenne re Giorgio V. Nel 1911 fu nominato principe del Galles. Durante la prima guerra mondiale servì come ufficiale di stato maggiore.

Dopo la guerra e durante i primi anni '20, il principe Edoardo fece dei tour di buona volontà nell'impero britannico. Negli anni '30 si interessò sempre più agli affari nazionali e divenne molto popolare tra il popolo britannico.

Edoardo aveva quasi 42 anni quando divenne re alla morte di Giorgio V il 20 gennaio 1936. Verso la fine di quell'anno, espresse il desiderio di sposare Wallis Warfield Simpson, che aveva conosciuto nel 1930. La Simpson, americana, era già stata sposata due volte e il suo secondo divorzio non era ancora definitivo.

I governi britannici e del Commonwealth si opposero fortemente a questo matrimonio perché non conforme alla dignità della corona britannica. Edoardo, tuttavia, aveva deciso e il 10 dicembre 1936 abdicò. Suo fratello minore salì al trono come Giorgio VI. Il primo atto del nuovo re fu quello di nominare suo fratello duca di Windsor. Il duca sposò la Simpson in Francia il 3 giugno 1937, e lei divenne la duchessa di Windsor.

Dal 1937 al 1939 e dopo il 1945 il duca e la duchessa fecero la loro casa a Parigi, in Francia. Durante la seconda guerra mondiale, su invito del primo ministro britannico Winston Churchill, servì come governatore delle Bahamas, che allora era una colonia britannica. Sebbene fossero annoverati tra l'élite sociale, solo nel 1967 furono invitati a partecipare a una cerimonia pubblica ufficiale con altri membri della famiglia reale.

Edoardo VIII morì a Parigi il 28 maggio 1972. La duchessa vi morì il 24 aprile 1986. Furono sepolti fianco a fianco nel cimitero reale di Frogmore, all'interno del parco del Castello di Windsor in Inghilterra.

In evidenza

- Figlio primogenito di Giorgio, duca di York (poi re Giorgio V), e della principessa Maria di Teck (poi regina Maria), Edoardo VIII divenne erede al trono all'ascesa al trono del padre (6 maggio 1910).
- Anche se addestrato (1907-11) per la Royal Navy, Edoardo VIII fu commissionato nelle Grenadier Guards dell'esercito dopo lo scoppio della prima guerra mondiale (6 agosto 1914) e servì come ufficiale di stato maggiore.
- Lo scoppio della seconda guerra mondiale non riuscì a chiudere la frattura tra il duca e la sua famiglia, e dopo aver visitato Londra accettò una posizione come ufficiale di collegamento con i francesi.
- Edoardo VIII fu l'unico sovrano britannico a rinunciare volontariamente alla corona.

Domande di ricerca

1. Se potesse fare una domanda a un reale britannico, quale sarebbe?
2. Se tu nascessi in una famiglia reale, vorresti essere un re o una principessa?
3. Pensi che dovremmo mantenere o abolire la monarchia?

Giorgio VI (1895-1952)
Ex re del Regno Unito

Quando il re Edoardo VIII abbandonò il trono britannico nel dicembre 1936, suo fratello Alberto, duca di York, lo sostituì e prese il nome di Giorgio VI. Fu durante il suo regno che il Regno Unito lottò fino alla vittoria nella Seconda Guerra Mondiale, l'India e il Pakistan ottennero la loro indipendenza e l'impero britannico si evolse nel Commonwealth delle Nazioni.

Giorgio si guadagnò il rispetto del suo popolo osservando coscienziosamente le responsabilità di un monarca costituzionale e superando l'handicap di una grave balbuzie.

Albert Frederick Arthur George nacque il 14 dicembre 1895 a Sandringham, Norfolk, Inghilterra. Era il secondo figlio del futuro re Giorgio V. Come principe Alberto, servì nella Royal Navy e nel Royal Naval Air Service durante la prima guerra mondiale e poi frequentò il Trinity College, Cambridge, nel 1919-20. Il 3 giugno 1920 fu fatto duca di York.

Nel 1923 sposò Lady Elizabeth Angela Marguerite Bowes-Lyon. Ebbero due figli, Elizabeth (poi regina Elisabetta II) e Margaret (poi contessa di Snowdon).

Anche se sua moglie, Elisabetta, si oppose disperatamente a che diventasse re a causa della sua cattiva salute e del fatto che George balbettava male, fu il prossimo erede al trono britannico. Fu proclamato re l'11 dicembre 1936, dopo l'abdicazione di Edoardo VIII, e fu incoronato ufficialmente il 12 maggio 1937.

Durante la seconda guerra mondiale, il re e la regina rimasero con il loro popolo. La loro presenza a Londra durante i raid aerei e i loro messaggi trasmessi durante quegli anni di ansia e tensione fecero molto per rincuorare e ispirare il popolo britannico. Re Giorgio sostenne la leadership bellica del primo ministro Winston Churchill e visitò i suoi eserciti su diversi fronti di battaglia.

Re Giorgio cessò di essere imperatore dell'India quando l'India e il Pakistan divennero paesi indipendenti separati nel 1947. Nel 1949, tuttavia, fu formalmente riconosciuto come capo del Commonwealth delle Nazioni dai governi dei suoi stati membri.

Dal 1948 in poi, la salute di George peggiorò. Giorgio morì il 6 febbraio 1952, pochi mesi dopo aver subito un intervento chirurgico per un cancro ai polmoni. Sua figlia Elisabetta salì al trono come regina Elisabetta II. La vedova di Giorgio, Elisabetta, prese il titolo di regina madre e continuò a mantenere l'affetto del popolo britannico per tutta la vita; morì nel 2002 all'età di 101 anni.

In evidenza

- Il 3 giugno 1920, Giorgio VI fu creato duca di York.
- Ebbero due figli: La principessa Elisabetta (poi regina Elisabetta II) e la principessa Margaret (poi contessa di Snowdon).
- Il duca di York salì al trono l'11 dicembre 1936, in seguito all'abdicazione di suo fratello Edoardo VIII; Giorgio VI fu proclamato ufficialmente re il giorno seguente.
- Prese il nome di Giorgio VI e fu incoronato il 12 maggio 1937.

Domande di ricerca

1. Perché la gente trova i reali così affascinanti?
2. Cosa servirebbe per revocare la cittadinanza alla famiglia reale?
3. La monarchia sta diventando più o meno popolare che mai, cosa ne pensi?

Elisabetta II (nata nel 1926)
La regina del Regno Unito

Elisabetta II divenne regina del Regno Unito di Gran Bretagna e Irlanda del Nord nel 1952. Come Elisabetta I dell'Età dell'Oro inglese, Elisabetta II salì al trono a soli 25 anni. Elisabetta II è diventata la monarca più longeva della Gran Bretagna.

Il padre di Elisabetta era Alberto, duca di York, secondo figlio del re Giorgio V. Sua madre era Lady Elizabeth Bowes-Lyon, un membro dell'aristocrazia scozzese. La principessa Elisabetta nacque il 21 aprile 1926, nella casa di Londra dei genitori di sua madre, Lord e Lady Strathmore. Cinque settimane dopo fu battezzata a Buckingham Palace e battezzata Elizabeth Alexandra Mary, come tre regine del suo paese.

Elisabetta II aveva 4 anni quando nacque sua sorella, Margaret Rose (21 agosto 1930). Nonostante la differenza di età, le principesse divennero compagne affiatate. Margaret Rose era vivace e birichina; Elisabetta, piuttosto seria e riflessiva.

La casa londinese della famiglia era una grande casa vittoriana al 145 di Piccadilly. Le vacanze estive venivano solitamente trascorse in Scozia e i fine settimana nella casa di campagna del duca, Royal Lodge, nel Windsor Great Park, 25 miglia (40 chilometri) a ovest di Londra. Qui i bambini avevano una casetta per i giochi, un dono del popolo del Galles. Il suo nome era "Y Bwthyn Bach", o La piccola casa di paglia. Era completa di piccoli mobili, biancheria, luci elettriche, impianto idraulico e finestre che si aprivano e chiudevano. Poiché solo i bambini potevano starci in piedi, le principesse stesse la pulivano e la tenevano in ordine.

Le principesse non andavano a scuola ma erano istruite da una governante, la signorina Marion Crawford, una giovane donna scozzese. La loro routine quotidiana variava poco da un giorno all'altro. Elizabeth, all'età di 5 anni, si alzava alle 6 del mattino e usciva per una lezione di equitazione con uno stalliere.

Dopo la colazione lei e sua sorella andarono nella stanza dei loro genitori. Passarono il resto della mattinata con la loro governante. Dopo pranzo avevano lezioni di francese, voce e pianoforte. Nel pomeriggio giocavano in giardino, di solito con la loro governante. Erano così assorti nei loro giochi di nascondino o "sardine" che raramente notavano le persone che si riunivano fuori dal recinto del giardino per guardarli.

Raramente avevano la compagnia di altri bambini, ma avevano molti animali domestici, in particolare cavalli e cani. Di tanto in tanto la loro governante dava loro un trattamento speciale portandoli a fare un giro nell'Underground (metropolitana) o sopra un autobus. Vestivano semplicemente, con abiti di cotone a casa e con cappotti di tweed e berretti quando uscivano. Andavano a letto presto, dopo una visita con i loro genitori.

I giorni spensierati di Elisabetta finirono nel 1936. Giorgio V, suo nonno, morì all'inizio di quell'anno, e prima della fine dell'anno suo zio David (Edoardo VIII) abdicò. Il padre di Elisabetta divenne allora re, come Giorgio VI, ed Elisabetta divenne l'erede presuntiva al trono.

La famiglia si trasferì a Buckingham Palace, la residenza reale, che era più un museo che una casa. Dalle stanze delle principesse, sul davanti, si arrivava in cinque minuti a piedi al giardino sul retro.

Da questo momento, Elisabetta iniziò ad essere addestrata per i suoi futuri doveri. Dai suoi genitori e da sua nonna, la regina Mary, imparò l'etichetta di corte e le pratiche diplomatiche. Studiò la geografia e la storia dei paesi del Commonwealth e degli Stati Uniti e fu accompagnata all'Eton College per lezioni private di diritto costituzionale.

Elisabetta aveva 13 anni quando scoppiò la seconda guerra mondiale nel 1939. L'anno successivo le bombe cominciarono a cadere su Londra, e le principesse furono mandate in salvo nella cupa fortezza del castello di Windsor. Il 13 ottobre 1940, Elisabetta tornò a Londra per fare la sua prima trasmissione, da una stanza di Buckingham Palace.

Con una voce chiara e sicura, disse ai bambini di tutto il mondo che i bambini della Gran Bretagna erano "pieni di allegria e coraggio". Prima che la guerra finisse, si unì al ramo femminile dell'esercito e prese l'addestramento come autista e meccanico di automobili.

Elisabetta ebbe il privilegio, spesso negato ai reali, di sposare un uomo che amava. Durante la guerra incontrò il principe Filippo, un ufficiale della marina reale. Filippo era nato il 10 giugno 1921 sull'isola greca di Corfù. Come figlio del principe Andrea di Grecia, era in linea per il trono greco, ma non aveva sangue greco. Attraverso sua madre, la principessa Alice, discendeva, come Elisabetta, dalla regina Vittoria d'Inghilterra. Era stato educato in Scozia sotto le cure di suo zio e tutore, il conte Mountbatten.

Non appena la guerra finì, Filippo divenne un assiduo visitatore del palazzo. Prima che il re annunciasse il fidanzamento della giovane coppia, Filippo abbandonò il suo titolo di principe per diventare cittadino britannico e prese il cognome della madre, Mountbatten. Il re lo creò poi duca di Edimburgo. Il 20 novembre 1947, la coppia si sposò all'Abbazia di Westminster. Un figlio, il principe Carlo Filippo Arthur George, nacque il 14 novembre 1948, e una figlia, la principessa Anna Elisabetta Alice Louise, il 15 agosto 1950.

Il 19 febbraio 1960, la regina ebbe un terzo figlio, il principe Andrew Albert Christian Edward. Il suo quarto figlio, il principe Edward Antony Richard Louis, nacque il 10 marzo 1964. Tutti questi figli avevano il cognome "di Windsor", ma nel 1960 la regina annunciò che un nuovo cognome, Mountbatten-Windsor, sarebbe stato portato dalla terza generazione della sua famiglia.

Anche prima di diventare regina, Elisabetta servì il governo come abile ambasciatrice. Nel 1948 visitò Parigi e fu acclamata dal popolo francese. Nel 1951 lei e suo marito fecero un tour di sei settimane in tutte le province del Canada e poi volarono a Washington, D.C., per una breve visita con il presidente americano Harry S. Truman e sua moglie.

La coppia reale era in Kenya, nella prima tappa di un tour di cinque mesi in Australia e Nuova Zelanda, quando Giorgio VI morì il 6 febbraio 1952. Elisabetta divenne automaticamente regina. Lei e suo marito volarono immediatamente a Londra. L'8 febbraio la regina fece il giuramento di adesione davanti al Privy Council.

Elisabetta II fu incoronata nell'Abbazia di Westminster il 2 giugno 1953. Nel 1957 Elisabetta conferì al marito il titolo di principe del Regno Unito. Nel 1958 nominò principe del Galles il principe Carlo, suo figlio maggiore ed erede apparente al trono. Fu investito del titolo di principe del Galles nel 1969.

Elisabetta favorì la semplicità nella vita di corte e si interessò con cognizione di causa agli affari del governo. Viaggiò molto, in tutto il Regno Unito e in molti paesi del Commonwealth. Il suo regno fu un periodo di controllo pubblico senza precedenti sulla monarchia, specialmente dopo il matrimonio fallito di suo figlio Carlo e Diana, principessa del Galles, e la morte di Diana nel 1997.

Il sentimento popolare in Gran Bretagna si rivoltò contro la famiglia reale, che si pensava fosse fuori dalla vita britannica contemporanea. In risposta, Elisabetta ha cercato di presentare un'immagine della monarchia meno appariscente e meno tradizionale, cosa che ha fatto con un certo successo. Nel 2002 ha celebrato il suo giubileo d'oro, segnando 50 anni sul trono.

Dieci anni dopo la regina ha celebrato il suo Giubileo di diamante, segnando 60 anni sul trono. L'anniversario ufficiale è stato nel febbraio 2012, ma i maggiori festeggiamenti hanno avuto luogo all'inizio di giugno. Gli eventi includevano una parata di barche sul fiume Tamigi e un concerto a Buckingham Palace. Nelle città di tutto il Regno Unito e del

Commonwealth, la gente ha acceso una serie di più di 4.000 fari per commemorare l'occasione. La regina è apparsa anche in una funzione religiosa alla cattedrale di Saint Paul. Infine, un corteo l'ha riportata a Buckingham Palace, dove ha salutato il popolo di Londra dal balcone.

La celebrazione del Giubileo di diamante della regina si è estesa oltre gli eventi ufficiali per il resto dell'anno. I membri della famiglia reale, tra cui il principe William, Catherine, duchessa di Cambridge, e il principe Harry, hanno fatto visita a molti dei paesi del Commonwealth. Nel 2015 Elisabetta ha superato la regina Vittoria per diventare il monarca che regna da più tempo nella storia britannica.

In evidenza

- La sua incoronazione si è tenuta all'Abbazia di Westminster il 2 giugno 1953.
- A partire dal novembre 1953 la regina e il duca di Edimburgo fecero un giro del mondo di sei mesi nel Commonwealth, che includeva la prima visita in Australia e Nuova Zelanda di un monarca britannico in carica.
- La regina sembrava sempre più consapevole del ruolo moderno della monarchia, permettendo, per esempio, la trasmissione televisiva della vita domestica della famiglia reale nel 1970 e condonando lo scioglimento formale del matrimonio di sua sorella nel 1978.

Domande di ricerca

1. Qual è stata la cosa più divertente che la regina Elisabetta II abbia mai fatto?
2. Qual è la tua citazione preferita della regina Elisabetta II?
3. Oltre all'Inghilterra e ai regni del Commonwealth, quali sono tutti gli altri paesi della regina Elisabetta II?

Filippo (1921-2021)
Marito della Regina Elisabetta II | Duca di Edimburgo

Il marito della regina Elisabetta II del Regno Unito era il principe Filippo, duca di Edimburgo. Il suo titolo completo era principe Filippo, duca di Edimburgo, conte di Merioneth e barone di Greenwich.

Filippo è nato il 10 giugno 1921 a Corfù, in Grecia. Suo padre era il principe Andrea di Grecia e Danimarca, figlio minore del re Giorgio I di Grecia. Sua madre era la principessa Alice, una pronipote della regina Vittoria.

Cresciuto principalmente in Gran Bretagna, Philip fu educato alla Gordonstoun School in Scozia e al Royal Naval College. Dal gennaio 1940 alla fine della seconda guerra mondiale ha servito con la Royal Navy in combattimento nel Mediterraneo e nel Pacifico.

Nel 1947 Filippo divenne un suddito britannico, rinunciando al suo diritto ai troni greco e danese e prendendo il cognome della madre,

Mountbatten. Più tardi quell'anno sposò la sua lontana cugina, la principessa Elisabetta. Alla vigilia del suo matrimonio il re lo fece duca di Edimburgo. Filippo continuò a prestare servizio attivo nella Marina Reale fino a quando Elisabetta salì al trono nel 1952. Da allora in poi condivise la sua vita ufficiale e pubblica. Filippo ed Elisabetta ebbero quattro figli, tra cui Carlo, principe del Galles.

Nel 1957 Elisabetta conferì a Filippo il titolo di principe del Regno Unito. Nel 1960 il suo cognome fu legalmente combinato con il nome della sua famiglia - come Mountbatten-Windsor - come cognome per i rami minori della famiglia reale.

Le schiette opinioni di destra di Filippo talvolta misero in imbarazzo la monarchia, che cercava di mettere da parte la sua tradizionale immagine di alta classe. Mentre gran parte del suo tempo veniva speso per adempiere ai doveri del suo rango, Filippo si impegnò in una varietà di opere di carità.

Philip è stato presidente del World Wildlife Fund (WWF) dal 1981 al 1996. Il suo programma International Award ha permesso a più di sei milioni di giovani adulti di impegnarsi nel servizio alla comunità, nello sviluppo della leadership e in attività di fitness.

Nel 2011, in occasione del suo 90° compleanno, Elisabetta conferì a Filippo il titolo e la carica di lord high admiral, il capo cerimoniale della Royal Navy. Filippo è stato una delle persone più impegnate della famiglia reale, facendo più di 22.000 apparizioni da solo nel corso degli anni. Si è ritirato dalla vita pubblica nell'agosto 2017. Filippo è morto il 9 aprile 2021, al castello di Windsor, in Inghilterra.

In evidenza

- Cresciuto principalmente in Gran Bretagna, Philip è stato educato alla Gordonstoun School, vicino a Elgin, Moray, Scozia, e al Royal Naval College, Dartmouth, Devon, Inghilterra.
- Dal gennaio 1940 alla fine della seconda guerra mondiale, ha servito con la Royal Navy in combattimento nel Mediterraneo e nel Pacifico.

- Il suo matrimonio con la lontana cugina principessa Elisabetta ebbe luogo nell'abbazia di Westminster il 20 novembre 1947.
- Nel maggio 2017 è stato annunciato che Filippo - che è stato uno dei reali più impegnati, con più di 22.000 apparizioni da solo nel corso degli anni - avrebbe smesso di svolgere impegni pubblici in agosto.

Domande di ricerca

1. Sei più un tipo da Harry o da Filippo?
2. Chi è il tuo reale preferito e perché lo ami così tanto?
3. Avete mai sentito parlare di qualcuno che lavora nella casa reale?

Charles (nato nel 1948)

Figlio maggiore della regina Elisabetta II | Erede apparente al trono britannico | Principe del Galles | Conte di Chester

Quando Elisabetta II divenne regina d'Inghilterra nel 1952, suo figlio maggiore, Carlo, divenne erede al trono. Solitamente conosciuto come principe del Galles, Carlo è anche conte di Chester, duca di Cornovaglia, duca di Rothesay, conte di Carrick e barone di Renfrew, tra gli altri titoli.

Una celebrità internazionale fin dall'infanzia, Charles era noto come sportivo e come commentatore schietto sul rinnovamento urbano, la povertà, l'ambiente e altre questioni sociali.

Charles Philip Arthur George, il cui cognome è Windsor, è nato a Londra a Buckingham Palace il 14 novembre 1948. A differenza dei precedenti eredi al trono, che sono stati educati a palazzo da tutori, il principe Carlo è andato in collegio.

Carlo ha frequentato la Cheam School a Headley e la Gordonstoun School in Scozia, dove aveva studiato anche suo padre, il principe Filippo, il duca di Edimburgo. Carlo ha studiato archeologia e antropologia al Trinity College dell'Università di Cambridge, ricevendo una laurea nel 1971 - la prima mai conseguita da un erede della corona britannica. Si prese del tempo per studiare la lingua gallese in preparazione alla sua investitura (inaugurazione cerimoniale) come principe del Galles il 1° luglio 1969.

Dopo aver frequentato il Royal Air Force College e il Royal Naval College, Charles ha prestato servizio nella Royal Navy fino al 1976. Pilotava aerei e serviva sulle navi.

Il 29 luglio 1981, Carlo sposò Lady Diana Spencer, la figlia di un conte inglese, in un matrimonio alla Cattedrale di St. Il principe William, il loro primo figlio e secondo in linea di successione al trono, nacque il 21 giugno 1982. Un secondo figlio, Henry (chiamato Harry), nacque il 15 settembre 1984. Carlo e Diana annunciarono la loro separazione nel 1992 e divorziarono nel 1996. Diana morì in un incidente automobilistico il 31 agosto 1997. Carlo sposò Camilla Parker Bowles il 9 aprile 2005.

In evidenza

- Charles ha frequentato il Royal Air Force College (diventando un eccellente pilota) e il Royal Naval College, Dartmouth, e dal 1971 al 1976 ha fatto un giro di servizio con la Royal Navy.
- Più tardi Charles divenne uno schietto critico dell'architettura moderna.
- Nel 1992 Carlo ha fondato il Prince of Wales's Institute of Architecture, che si è poi evoluto nel BRE Trust, un'organizzazione coinvolta in progetti di rigenerazione e sviluppo urbano.
- Il 29 luglio 1981, Carlo sposò Lady Diana Frances Spencer, figlia dell'ottavo conte Spencer; il matrimonio reale fu un evento mediatico globale, trasmesso in diretta televisiva e seguito da centinaia di milioni di persone.

Domande di ricerca

1. Chi pensi che sia il membro più importante della famiglia reale britannica?
2. Se potessi scegliere 2 coetanei reali con cui passare il tempo e fare una chiacchierata all'ora del tè ogni settimana, chi sarebbero?
3. In che modo essere associati alla Corona "cambia" le cose?

Diana (1961-1997)

La moglie di Carlo | La nuora della Regina | Principessa del Galles

L'ossessione internazionale per Diana, principessa del Galles, era un fenomeno dell'era della televisione, del giornalismo tabloid, delle intercettazioni telefoniche e dei teleobiettivi. Gli addetti ai lavori hanno rivelato dettagli molto personali nei libri rivelatori e nelle interviste dei talk-show.

Foto candide vendute per centinaia di migliaia di dollari. Per i 16 anni dal suo matrimonio alla sua morte improvvisa, milioni di persone hanno seguito la storia della giovane donna dalle capacità ordinarie spinta in circostanze straordinarie, che ha superato i suoi problemi per diventare una delle donne più ammirate del mondo.

Diana Frances Spencer nacque il 1º luglio 1961 a Park House, la casa che i suoi genitori affittarono nella tenuta della regina Elisabetta a Sandringham, Norfolk, in Inghilterra. Terza figlia di Edward John, visconte

Althorp (poi ottavo conte Spencer), e della sua prima moglie, Frances Roche, Diana è cresciuta sapendo che i suoi genitori avevano sperato in un maschio. Il loro quarto figlio fu finalmente un maschio, Charles. I genitori di Diana si separarono l'estate in cui Diana raggiunse l'età di 6 anni. L'accordo di divorzio diede al visconte la custodia dei bambini.

Diana e suo fratello passarono gli anni successivi facendo la spola tra le case dei loro genitori, affidati a una serie di tate. Le loro sorelle maggiori, Sarah e Jane, erano già in collegio. Diana si occupò di suo fratello fino a quando non fu abbastanza grande per il collegio.

Nel settembre 1970 Diana andò a Riddlesworth Hall, un collegio preparatorio nel Norfolk. Era debole negli studi ma amava la danza, il nuoto e il tennis.

Nel 1974 si iscrisse alla West Heath school, una scuola secondaria privata vicino a Sevenoaks, Kent, dove sua madre e le sue sorelle erano andate prima di lei. Leggeva romanzi d'amore e continuava a ballare, anche se il suo sogno di diventare una ballerina è svanito quando la sua altezza è aumentata a 5 piedi e 10 pollici (1,8 metri). Il curriculum della West Heath enfatizzava il servizio alla comunità. Diana si divertiva a fare commissioni per una donna anziana del villaggio e a fare volontariato in una casa per disabili mentali e fisici.

Divenne Lady Diana Spencer nel 1975 quando suo padre ereditò la contea Spencer. La famiglia si trasferì da Park House all'enorme tenuta di Althorp, a 6 miglia (9,7 chilometri) da Northampton. Diana lasciò la scuola pubblica nel 1977 e completò la sua educazione formale all'età di 16 anni con alcuni mesi in una scuola di finitura in Svizzera, dove divenne una sciatrice competente.

Diana visse per un periodo con sua madre a Londra. Per il suo 18° compleanno i suoi genitori le regalarono un appartamento a Londra, che condivise con amici. Poco dopo essersi trasferita ha ottenuto un lavoro regolare part-time come assistente in un prestigioso asilo.

Diana incontrò per la prima volta Charles Philip Arthur George, principe del Galles ed erede al trono britannico, quando lui corteggiava sua sorella Sarah. Diana lo vide più spesso dopo che sua sorella Jane sposò Robert Fellowes, che lavorava a Buckingham Palace. Carlo aveva quasi 13 anni più di Diana. Si era laureato all'Università di Cambridge con lode in storia e aveva servito per cinque anni nella Royal Navy. Tranquillo e serio, gli piaceva rilassarsi in campagna, dipingere, discutere di libri, pescare e giocare a polo.

Quando Carlo iniziò a corteggiare Diana nell'estate del 1980, l'opinione pubblica la dichiarò adatta. Era inglese, aristocratica, discreta fino alla timidezza, di buon umore, sana ed estremamente fotogenica. La sua reputazione personale era immacolata e affascinava la stampa.

I giornalisti accolsero con favore l'annuncio, il 24 febbraio 1981, che il principe di Galles avrebbe sposato la 19enne assistente della maestra d'asilo. Il matrimonio, il 29 luglio 1981, nella cattedrale di St. Paul a Londra, fu una spettacolare occasione reale e un giorno di festa nazionale. La copertura radiofonica e televisiva portò la cerimonia ad un pubblico stimato in 1 miliardo di ascoltatori e spettatori in tutto il mondo.

La coppia ha fatto la sua casa a Kensington Palace a Londra. Folle enormi si presentavano alle loro apparizioni pubbliche, ignorando virtualmente il principe nella loro ansia di vedere la principessa. Il fiuto di Diana per i vestiti diede impulso all'industria della moda britannica.

Il cappello e i guanti obbligatori non potevano nascondere la sua naturale disinvoltura con le persone, specialmente i bambini e gli anziani. Un'ulteriore eccitazione arrivò con l'annuncio a novembre che la coppia aspettava un bambino. Il principe William Arthur Philip Louis è nato il 21 giugno 1982. Il principe Henry Charles Albert David seguì il 15 settembre 1984. Diana e Carlo, tuttavia, stavano scoprendo di avere pochi altri interessi in comune.

Il favoloso matrimonio mostrò presto segni di tensione. Diana era affettuosa ed emotiva; suo marito era intellettuale e riservato. Lei amava lo shopping e i ristoranti; lui preferiva la tranquillità della Scozia rurale. Diana aveva poca indipendenza; i cortigiani fissavano i suoi impegni con mesi di anticipo.

Diana seguiva attentamente i resoconti dei giornali, la sua sicurezza sostenuta dalla sua popolarità ma scossa da qualsiasi critica. Dietro una finzione pubblica, la sua vita privata era segnata da disordini alimentari, depressione, lacrime, rabbia e occasionali minacce di suicidio. Carlo cominciò ad evitarla quando poteva. Diana cercò di cavarsela concentrandosi sui suoi figli, passando ore al telefono con gli amici e sperimentando massaggi, agopuntura e una varietà di terapie New Age.

Intorno al 1986 Diana iniziò a scoprire un nuovo senso di scopo. Un conoscente le suggerì di usare i suoi doveri pubblici e le sofferenze private come un percorso di crescita spirituale personale. Sarah Ferguson, che sposò il fratello del principe Carlo, il principe Andrea, incoraggiò Diana a rilassarsi e a prendere le proprie decisioni. Diana lesse la letteratura femminista e crebbe nella fiducia in se stessa.

Diana cominciò a parlare a favore dei malati, degli indigenti, dei bambini e degli anziani. La sua attività come mecenate del London City Ballet e dell'English National Ballet portò alla stretta amicizia con un uomo che morì di AIDS (sindrome da immunodeficienza acquisita). Nonostante la disapprovazione di alcuni cortigiani, lavorò per ridurre lo stigma della malattia partecipando ai benefici per l'AIDS e togliendosi i guanti per stringere la mano ai malati di AIDS.

Il coinvolgimento di Diana in qualsiasi causa o evento attirava un enorme interesse da parte dei media. Anche se spesso si lamentava di essere perseguitata da fotografi aggressivi conosciuti come paparazzi, lei usava la stampa per attirare l'attenzione del pubblico e i contributi finanziari alle cause che sposava. Diana era gratificata nel vedere l'attenzione dei media spostarsi dai suoi vestiti alle sue attività concrete.

I tabloid apprezzavano gli scorci periodici di crepe nella facciata coniugale. Nel 1986 la coppia teneva i calendari così separati che la regina ordinò loro di apparire in pubblico insieme per sedare le voci. Una simpatica biografia di Diana di Andrew Morton che era fortemente critica nei confronti del principe Carlo fu pubblicata nel giugno 1992 e pubblicata a puntate sul Sunday Times in luglio.

La separazione di Diana e Carlo fu annunciata alla Camera dei Comuni il 9 dicembre 1992. Diana si gettò nel suo lavoro a favore di una varietà di cause: confortò i malati di AIDS, i senzatetto, le donne maltrattate e i bambini abusati sessualmente; lavorò per prevenire la tossicodipendenza e la lebbra; e promosse la Croce Rossa e i bisogni dei paesi in via di sviluppo.

A dicembre Diana annunciò il suo ritiro da molti incarichi pubblici per concedersi "tempo e spazio". Anche se la regina smise di mandarla all'estero a rappresentare la Gran Bretagna, la principessa continuò a viaggiare come mecenate per alcuni enti di beneficenza privati.

Con le loro differenze alla luce del sole, Diana e Carlo si contendevano la simpatia del pubblico. L'esame dei media raggiunse il suo picco nel 1994 e 1995, quando sia il principe Carlo che la principessa Diana rivelarono di aver avuto relazioni extraconiugali. I due alla fine divorziarono il 28 agosto 1996. Diana mantenne il titolo di Principessa del Galles ma fu costretta a rinunciare al titolo di Sua Altezza Reale.

Nei mesi successivi al suo divorzio, Diana condusse una crociata contro la produzione e l'uso delle mine antiuomo, che avevano mutilato innumerevoli civili nelle regioni del mondo devastate dalla guerra. La sincera devozione di Diana ai bisogni umani combinata con la sua presenza carismatica ha reso la principessa del Galles la figura reale più popolare in Gran Bretagna.

Durante l'estate del 1997 i tabloid londinesi si rallegrarono della storia d'amore di Diana con Emad Mohamed (Dodi) al-Fayed, un multimilionario di origine egiziana il cui padre era proprietario dei grandi magazzini Harrods a Londra. Le fotografie della coppia sono state vendute per somme enormi.

Sabato sera, 30 agosto, a Parigi, in Francia, un gruppo di paparazzi ha inseguito un'auto con Diana e Fayed. Il loro autista apparentemente andò ben oltre il limite di velocità per eludere i fotografi. L'auto ha sbattuto contro il muro di un tunnel sotterraneo e contro un pilastro di sostegno.

L'autista e Fayed morirono immediatamente. Una guardia del corpo gallese fu gravemente ferita ma sopravvisse. La principessa Diana fu portata di corsa in un ospedale vicino e fu dichiarata morta nelle prime ore del 31 agosto 1997. La Gran Bretagna entrò in lutto nazionale. Il funerale di Diana nell'Abbazia di Westminster, sabato 6 settembre, fu trasmesso in tutto il mondo.

Anche se i fotografi furono inizialmente accusati di aver causato l'incidente che uccise Diana, un giudice francese nel 1999 li scagionò da ogni colpa, dando invece la colpa all'autista. Si scoprì che l'autista aveva un livello di alcol nel sangue superiore al limite legale al momento dell'incidente e che aveva assunto farmaci incompatibili con l'alcol.

Nel 2006 un'inchiesta di Scotland Yard sull'incidente ha anche concluso che l'autista era in difetto. Nell'aprile 2008, tuttavia, una giuria d'inchiesta britannica dichiarò sia l'autista che i paparazzi colpevoli di omicidio illegale per guida gravemente negligente. Non ha trovato prove, tuttavia, di una cospirazione per uccidere Diana o Fayed, un'accusa fatta a lungo dal padre di Fayed.

In evidenza

- Per assicurarsi che William e Harry avessero "una comprensione delle emozioni delle persone, delle loro insicurezze, dell'angoscia delle persone, delle loro speranze e dei loro sogni", Diana portò i suoi figli con sé negli ospedali, nei rifugi per senzatetto e negli orfanotrofi.
- Per farli conoscere il mondo al di fuori dei privilegi reali, Diana li portava nei fast food e sui mezzi pubblici.
- La compassione, il calore personale, l'umiltà e l'accessibilità di Diana le hanno fatto guadagnare il soprannome di "principessa del popolo".
- A lungo una delle donne più fotografate del mondo, la popolarità senza precedenti di Diana sia in Gran Bretagna che all'estero è continuata dopo il suo divorzio.

Domande di ricerca

1. Se Lady Diana fosse ancora viva e diventasse regina, cosa pensi che farebbe diversamente da Carlo?
2. Cosa ne pensi del vecchio e del nuovo scenario della famiglia reale?
3. Ora che ci sono così tanti membri femminili, chi deteneva o detiene il maggior potere nella famiglia e come?

William (nato nel 1982)
Il figlio maggiore di Carlo | Duca di Cambridge | Conte di Strathearn | Barone di Carrickfergus

Figlio maggiore di Carlo, principe del Galles, e di Diana, principessa del Galles, il principe William era secondo in linea (dopo Carlo) al trono britannico. Tra le figure più popolari della famiglia reale, è stato ammirato per il suo portamento e la sua grazia dopo la morte della madre in un incidente d'auto a Parigi, in Francia, nel 1997.

William Arthur Philip Louis Windsor è nato il 21 giugno 1982 a Paddington, Londra, Inghilterra. Ha frequentato la Ludgrove School nel Berkshire dal 1990 al 1995 e poi l'Eton College di Windsor dal 1995 al 2000. Dopo un anno passato a viaggiare, si è iscritto all'Università di St. Andrews in Scozia, dove ha studiato arte e, più tardi, geografia. Durante questo periodo, ha fatto volontariato in Cile, ha lavorato in un'azienda casearia britannica e ha visitato il Belize e i paesi dell'Africa. Nel 2005 si è laureato alla St. Andrews.

Nel 2006 William è entrato alla Royal Military Academy Sandhurst. Nel 2008 è stato assegnato alla Royal Air Force e poi alla Royal Navy, in modo da poter fare esperienza in tutti e tre i principali rami delle forze armate.

Gli ufficiali militari preferivano che non prestasse servizio in una zona di combattimento, notando che poteva diventare un obiettivo di attacco, mettendo così a rischio i suoi compagni. In seguito si è unito alla squadra di ricerca e soccorso della Royal Air Force, che opera al di fuori del combattimento, e ha eseguito la sua prima missione come pilota di elicottero nell'ottobre 2010.

Nel novembre 2010 fu annunciato che William avrebbe sposato la sua fidanzata di lunga data, Catherine ("Kate") Middleton, che aveva conosciuto all'Università di St. Il matrimonio reale ha avuto luogo il 29 aprile 2011 nell'Abbazia di Westminster a Londra.

William è diventato il principe William, duca di Cambridge, conte di Strathearn e barone Carrickfergus. Il primo figlio di William e Catherine, un figlio - il principe George Alexander Louis di Cambridge - è nato il 22 luglio 2013. La loro figlia, la principessa Charlotte Elizabeth Diana di Cambridge, è nata il 2 maggio 2015. Il loro secondo figlio, il principe Louis Arthur Charles di Cambridge, è nato il 23 aprile 2018.

In evidenza

- Prima di iscriversi all'Università di St. Andrews in Scozia, dove William ha studiato storia dell'arte e, più tardi, geografia, William ha trascorso un anno viaggiando.
- Essendo stato esposto alle attività caritatevoli all'inizio della sua vita da sua madre, William ha fatto volontariato in Cile.
- Nel 2008 William è stato assegnato alla Royal Air Force e poi alla Royal Navy, in modo da poter fare esperienza in tutti e tre i principali rami delle forze armate.
- Nel novembre 2010 fu annunciato che William avrebbe sposato la sua fidanzata di lunga data, Catherine (Kate) Middleton, che aveva conosciuto a St.
- Il matrimonio reale ha avuto luogo il 29 aprile 2011 nell'Abbazia di Westminster a Londra.

Domande di ricerca

1. C'è qualcosa che tutti dovrebbero sapere sui reali britannici che non sanno già?
2. Chi sono i tuoi reali preferiti da seguire su Twitter o Instagram?
3. Qual è il tuo fatto reale preferito?

Catherine (nata nel 1982)

Moglie del principe William | Nipote della regina | Duchessa di Cambridge

La socialite britannica Catherine Middleton ha sopportato con calma anni di intenso scrutinio da parte dei media dopo aver iniziato a frequentare il principe William del Galles. Nel 2011 la coppia si è sposata e Catherine è stata accolta nella famiglia reale.

Catherine Elizabeth Middleton, soprannominata Kate, è nata il 9 gennaio 1982 a Reading, nel Berkshire, in Inghilterra. I suoi genitori si sono incontrati mentre lavoravano come assistenti di volo alla British Airways. Nel 1987 hanno fondato un'azienda di vendita per corrispondenza che vendeva forniture per le feste dei bambini.

L'impresa li rese milionari e permise loro di mandare la figlia al prestigioso Marlborough College nel Wiltshire, in Inghilterra. A Marlborough eccelleva sia nell'atletica - capitanava la squadra di hockey su prato della scuola - che negli studi.

Nel 2001 la Middleton iniziò a frequentare l'Università di St. Andrews in Scozia. Lì incontrò William, un compagno del primo anno di storia dell'arte che era il secondo in linea di successione (dopo suo padre, Carlo) al trono britannico.

I due hanno iniziato a frequentarsi, e la loro relazione è stata resa pubblica nel 2004 quando sono stati fotografati durante una vacanza in Svizzera. Dopo essersi laureata a St. Andrews nel 2005, la Middleton ha lavorato brevemente come acquirente di accessori per un rivenditore di abbigliamento. In seguito ha ricoperto vari ruoli nell'azienda dei suoi genitori, svolgendo anche una serie di lavori di beneficenza.

Nel novembre 2010 è stato annunciato che la Middleton e William si erano fidanzati. In preparazione all'ingresso nella famiglia reale, la Middleton ha deciso di iniziare a usare il suo nome di battesimo, Catherine. Il matrimonio reale ha avuto luogo il 29 aprile 2011, a Westminster Abbey, e Middleton è stato dato il titolo di duchessa di Cambridge.

Il 22 luglio 2013 è nato il primo figlio della coppia, il principe George Alexander Louis di Cambridge. La loro figlia, la principessa Charlotte Elizabeth Diana di Cambridge, è nata il 2 maggio 2015. Catherine ha dato alla luce un secondo figlio, il principe Louis Arthur Charles di Cambridge, il 23 aprile 2018.

In evidenza

- A Marlborough, Catherine (allora chiamata Kate) era conosciuta come una studentessa seria ed equilibrata, che eccelleva sia nell'atletica - capitanava la squadra di hockey su prato della scuola - sia negli studi.
- Nel 2001 Kate andò all'Università di St. Andrews in Scozia, dove incontrò il principe William, un compagno del primo anno di storia dell'arte che era secondo in linea (dopo suo padre, Carlo) al trono britannico.
- I due hanno iniziato a frequentarsi, anche se la loro relazione non è stata resa pubblica fino a quando sono stati fotografati insieme in vacanza in Svizzera nel 2004.

- Dopo diversi anni di intense speculazioni da parte dei media britannici sui piani di matrimonio della coppia - durante i quali Kate è stata soprannominata "Waity Katie" - è stato annunciato nel novembre 2010 che i due si erano fidanzati.

Domande di ricerca

1. Dove preferiresti vivere: Australia o Gran Bretagna?
2. Cosa pensi degli stili dei vestiti di Catherine?
3. Quali sono i vostri pensieri su Catherine come potenziale regina?

Harry (nato nel 1984)

Il figlio minore di Carlo | Duca di Sussex | Conte di Dumbarton | Barone Kilkeel

Il principe Harry è il figlio più giovane di Carlo, principe del Galles, e di Diana, principessa del Galles. Suo padre è il prossimo nella linea di successione al trono britannico.

Il principe Henry Charles Albert David è nato a Londra, in Inghilterra, il 15 settembre 1984. È comunemente conosciuto come principe Harry. Era il secondo figlio del principe Carlo e della principessa Diana. Suo fratello, il principe William, ha due anni in più. Sua nonna è la regina Elisabetta II.

Come suo fratello maggiore, Harry ha frequentato una serie di scuole private prima di entrare nel prestigioso Eton College. Dopo essersi laureato a Eton nel 2003, Harry ha visitato l'Argentina e l'Africa. Ha lavorato in una stazione di bestiame in Australia e in un orfanotrofio in Lesotho. Invece di andare all'università, Harry è entrato a Sandhurst - la principale accademia militare britannica per la formazione degli ufficiali dell'esercito - nel maggio 2005. È stato nominato ufficiale nell'aprile 2006.

Come parte della famiglia reale britannica, Harry è stato spesso oggetto dell'attenzione dei media. Nel gennaio 2005 ha incontrato intense critiche quando ha partecipato a una festa indossando un'uniforme nazista con una svastica al braccio. Il principe si è poi scusato per quello che ha ammesso essere stato un grave errore di giudizio.

Nel febbraio 2007 fu annunciato che il reggimento dell'esercito di Harry sarebbe stato schierato in Iraq. Tuttavia, su consiglio dei servizi armati, è stato deciso che né Harry né William avrebbero servito con le forze britanniche in Iraq per paura che potessero diventare bersagli specifici di attacchi e quindi mettere i loro compagni a rischio eccessivo.

L'anno seguente Harry ha prestato servizio per 10 settimane in Afghanistan dopo che i media britannici hanno accettato di non rendere pubblici i dettagli del suo servizio. Il suo tour è terminato dopo che i media stranieri hanno riportato il suo dispiegamento.

Attivo in varie cause, Harry nel 2006 ha aiutato a fondare un ente di beneficenza per i bambini del Lesotho. Era dedicata a sua madre, che era morta nel 1997. Nel 2007 Harry e William hanno tenuto un servizio commemorativo per il decimo anniversario della morte di Diana.

Dopo aver partecipato ai Warrior Games per militari e veterani statunitensi feriti, Harry ha fondato gli Invictus Games, una competizione sportiva internazionale per veterani e militari feriti e malati. Gli Invictus Games hanno debuttato a Londra nel 2014.

Nel 2017 Harry si è fidanzato con l'attrice americana Meghan Markle. La coppia si è sposata il 19 maggio 2018. Hanno poi ricevuto i titoli di duca e duchessa del Sussex. Meghan ha dato alla luce il loro figlio, Archie Harrison Mountbatten-Windsor, il 6 maggio 2019. Harry e Meghan volevano vivere una vita più privata, e la loro copertura nella stampa è diventata sempre più negativa.

Inoltre, sembravano esserci tensioni crescenti tra la coppia e gli altri reali. Nel gennaio 2020 Harry e Meghan hanno annunciato che avrebbero fatto un "passo indietro" dai loro doveri reali e avrebbero lavorato per diventare "finanziariamente indipendenti". Inoltre, hanno pianificato di dividere il loro tempo tra il Regno Unito e il Nord America.

A seguito di negoziati con il palazzo, è stato annunciato che Harry e Meghan "non [saranno] più membri attivi della famiglia reale". Con questo cambiamento di status, non avrebbero più usato i titoli di Sua (o Sua) Altezza Reale. I cambiamenti sono entrati in vigore il 31 marzo 2020.

In evidenza

- Harry era attivo in varie cause, compresa la conservazione della fauna selvatica in Africa. Nel 2006 aiutò a fondare un'associazione di beneficenza per i bambini del Lesotho; fu dedicata a sua madre, che era morta nel 1997.
- Dopo aver partecipato ed essere rimasto impressionato dai Warrior Games per i militari e i veterani statunitensi feriti, Harry ha fondato gli Invictus Games, una competizione sportiva internazionale per veterani e militari feriti e malati.
- Nel maggio 2018 Harry ha sposato Meghan Markle - un'attrice americana divorziata, figlia di una madre afroamericana e di un padre bianco - la cui informale accessibilità e l'incontenibile calore personale ricordano la tanto amata Diana, ricordata come la "Principessa del popolo".

Domande di ricerca

1. Qual è stata la tua prima reazione al Royal Wedding tra il principe Harry e Meghan Markle?
2. Qual è la tua opinione sulla relazione tra il principe Harry e Meghan Markle?
3. Sei più un tipo da Harry o da William?

Meghan (nato nel 1981)

Moglie del Principe Henry | Nipote della Regina | Duchessa di Sussex | Baronessa Kilkeel

L'attrice americana Meghan Markle ha recitato nella serie televisiva Suits dal 2011 al 2017. È diventata un membro della famiglia reale britannica nel 2018 quando ha sposato il principe Harry. In quel momento il suo titolo è diventato quello di duchessa del Sussex.

Rachel Meghan Markle è nata il 4 agosto 1981 a Los Angeles, in California. Era la figlia di una madre afroamericana e di un padre bianco. Sua madre era un'assistente sociale, e suo padre era un direttore delle luci e direttore della fotografia per uno show televisivo.

La coppia divorziò quando Markle aveva sei anni, e lei visse con sua madre in California. Markle ha frequentato la Northwestern University in Illinois. Si è laureata nel 2003 con una laurea in teatro e studi internazionali.

Dopo la laurea, Markle è tornata in California, dove ha iniziato a fare audizioni per ruoli di recitazione. La sua prima apparizione televisiva fu in un episodio della soap opera General Hospital nel 2002. Per i prossimi anni, Markle o guest star o ha avuto piccole parti ricorrenti in spettacoli come 90210, Without a Trace, e Fringe.

Meghan ha anche intrapreso strani lavori, come lavorare come calligrafa, per aiutarsi a mantenere. La sua grande occasione è arrivata nel 2011, quando ha iniziato a interpretare Rachel Zane nella serie televisiva Suits. Il personaggio era un paralegale che ha frequentato la scuola di legge e alla fine è diventato un avvocato. Markle è anche apparsa in diversi film, tra cui Horrible Bosses (2011), Random Encounters (2013), e Anti-Social (2015). Markle ha sposato il produttore cinematografico e agente di talenti Trevor Engelson nel 2011. I due hanno divorziato nel 2013.

La Markle è stata coinvolta in attività di beneficenza per gran parte della sua vita. Da bambina ha lavorato nelle mense per i poveri. Nel 2015 è stata avvocato delle Nazioni Unite per la partecipazione politica e la leadership delle donne. L'anno successivo è diventata ambasciatrice globale per World Vision, un'organizzazione dedicata a combattere la povertà e l'ingiustizia nella vita dei bambini.

Con il gruppo ha visitato il Ruanda, dove Meghan ha incontrato persone coinvolte nella campagna per l'acqua pulita dell'organizzazione. Meghan ha anche lavorato per la parità di genere. La Markle ha spesso incluso informazioni sulla sua filantropia sul suo blog di lifestyle, The Tig. Ha anche pubblicato articoli su argomenti generali come cibo, viaggi e moda. Ha mantenuto il sito web dal 2014 al 2017.

Harry e Markle hanno iniziato a frequentarsi nel 2016 dopo che un amico comune li ha messi insieme in un appuntamento al buio. Si sono sposati il 19 maggio 2018 nella cappella di San Giorgio al castello di Windsor. La coppia ha avuto un figlio, Archie Harrison Mountbatten-Windsor, che è nato il 6 maggio 2019. All'inizio del 2020 la coppia ha annunciato che avrebbero "fatto un passo indietro" dai loro doveri reali e lavorare per diventare "finanziariamente indipendenti".

Inoltre, hanno pianificato di dividere il loro tempo tra il Regno Unito e il Nord America. In seguito ai negoziati con il palazzo, è stato annunciato che a partire dal 31 marzo 2020, Harry e Meghan "non [saranno] più membri attivi della famiglia reale". Con questo cambiamento, sarebbero ancora chiamati il duca e la duchessa del Sussex, ma non sarebbero stati conosciuti come Sua (o Sua) Altezza Reale.

In evidenza

- Nel 1995 ebbe un ruolo non accreditato nella sitcom Married...with Children, per la quale suo padre servì come direttore delle luci e della fotografia.
- Dopo essersi diplomata alla Immaculate Heart High School, una scuola cattolica romana per sole ragazze, nel 1999, la Markle ha studiato teatro e studi internazionali alla Northwestern University di Evanston, Illinois (laurea, 2003).
- La grande occasione per Meghan è arrivata quando è stata scritturata come paralegale Rachel Zane nella popolare serie legal drama di USA Network Suits (2011-19).
- Inoltre, Meghan ha discusso pubblicamente di politica e di argomenti personali che erano considerati argomenti inadatti ai membri della famiglia reale.

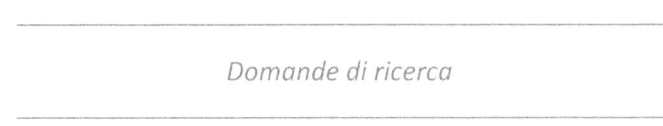

Domande di ricerca

1. Indipendentemente dalla vostra opinione sulla notizia di Harry e Meghan, quali sono alcune previsioni per la vita dei loro figli?
2. Quali sono i vostri pensieri sulla probabilità che un altro bambino reale accada presto?
3. Come pensi che un nuovo reale si farà strada nella storia?

Il tuo regalo

Hai un libro nelle tue mani.

Non è un libro qualsiasi, è un libro della Student Press Books! Scriviamo di eroi neri, donne che danno potere, mitologia, filosofia, storia e altri argomenti interessanti!

Dato che hai comprato un libro, vogliamo che tu ne abbia un altro gratis.

Tutto ciò di cui hai bisogno è un indirizzo e-mail e la possibilità di iscriverti alla nostra newsletter (il che significa che puoi cancellarti in qualsiasi momento).

Allora, cosa stai aspettando? Iscriviti oggi e richiedi il tuo libro gratis all'istante! Tutto quello che devi fare è visitare il link qui sotto e inserire il tuo indirizzo e-mail. Ti verrà inviato il link per scaricare subito la versione PDF del libro in modo da poterlo leggere offline in qualsiasi momento.

E non preoccupatevi - non ci sono fregature o costi nascosti; solo un buon vecchio omaggio da parte nostra qui a Student Press Books.

Visita subito questo link e iscriviti per ricevere la tua copia gratuita di uno dei nostri libri!

Link: https://campsite.bio/studentpressbooks

Libri

I nostri libri sono disponibili in tutti i principali rivenditori di libri online. Guarda i nostri pacchetti di libri digitali qui:
https://payhip.com/studentPressBooksIT

La serie di libri dedicata alla Storia dei Neri.

Benvenuti nella serie di libri dedicata alla storia dei neri. Imparate a conoscere quali sono i punti di riferimento nel panorama nero con queste ispiranti biografie di pionieri e pioniere dell'America, dell'Africa e dell'Europa. Sappiamo tutti che la Storia Nera è importante, ma purtroppo può essere difficile trovare dei buoni materiali da leggere.

Molti di noi hanno familiarità con i più noti protagonisti della cultura popolare e dei libri di storia, ma in questi volumi verranno presentati anche anche uomini e donne neri meno conosciuti di tutto il mondo, le cui storie meritano di essere raccontate. Questi libri biografici vi aiuteranno a capire meglio come le sofferenze e le azioni delle persone hanno plasmato i loro paesi e le loro comunità per le generazioni a venire.

Titoli disponibili:

1. 21 leader neri ispiratori: Le vite di importanti personaggi influenti del 20° secolo: Martin Luther King Jr., Malcolm X, Bob Marley e altri
2. 21 donne nere eccezionali: Storie di donne nere influenti del 20° secolo: Daisy Bates, Maya Angelou e altre

La serie di libri Empowerment Femminile.

Benvenuti alla serie di libri Empowerment femminile. Imparate a conoscere le impavide icone femminili dei tempi moderni con le ispiranti biografie delle pioniere di tutto il mondo. L'empowerment femminile è un argomento importante che merita più attenzione di quanta ne riceva. Per secoli alle donne è stato detto che il loro posto era in casa, ma molte di loro si sono rifiutate di crederlo.

Le donne sono ancora poco rappresentate nei libri di storia, le poche che vengono nominate nei libri di testo di solito tendono ad essere relegate in poche righe. Eppure, la storia è piena di storie di donne forti, intelligenti e indipendenti che hanno superato gli ostacoli e cambiato il corso degli eventi semplicemente perché volevano vivere la loro vita.

Questi libri biografici ti ispireranno insegnandoti anche preziose lezioni sulla perseveranza e il superamento delle avversità! Impara da questi esempi che tutto è possibile se ci si impegna!

Titoli disponibili:

1. 21 donne eccezionali: Le vite delle intrepidi donne che hanno combattuto per la libertà superando tutti i confini: Angela Davis, Marie Curie, Jane Goodall e altre
2. 21 donne ispiratrici: Le vite di donne coraggiose e influenti del 20° secolo: Kamala Harris, Madre Teresa e altre
3. 21 donne fantastiche: Le ispiranti vite di artiste femminili del 20° secolo: Madonna, Yayoi Kusama e altre
4. 21 donne fantastiche: Le vite influenti di audaci donne di scienza del 20° secolo

La serie di libri Leader Mondiali.

Benvenuti nella serie di libri sui leader mondiali. Scopri i protagonisti Reali e i presidenti del Regno Unito, degli Stati Uniti e di altri paesi. Grazie a queste biografie dei Reali, dei Presidenti e dei Capi di Stato, imparerai a conoscere meglio chi sono le persone che hanno avuto il coraggio di guidare una nazione, il tutto correlato da citazioni, curiosità e immagini.

La gente è affascinata dalla storia, dalla politica e da coloro che l'hanno plasmata. Questi libri presentano nuove prospettive sulla vita di tali personaggi importanti. Questa serie è perfetta per chiunque voglia saperne di più sui grandi leader del nostro mondo: giovani lettori ambiziosi e adulti che amano leggere di persone interessanti.

Titoli disponibili:

1. Gli 11 reali britannici: La biografia della famiglia Windsor: la regina Elisabetta II e il principe Filippo, Harry e Meghan e altri
2. I 46 presidenti americani: Le loro storie, imprese e lasciti: da George Washington a Joe Biden
3. I 46 presidenti americani: Le loro storie, imprese e lasciti - Edizione estesa

La serie di libri Mitologia accattivante.

Benvenuti nella serie di libri Mitologia accattivante. Scopri gli dèi e le dee dell'Egitto e della Grecia, le divinità nordiche e altre creature mitologiche.

Chi sono questi antichi dèi e dee? Cosa sappiamo di loro? Chi erano veramente? Perché la gente li adorava nell'antichità e da dove venivano?

Questi libri presentano nuove prospettive sugli antichi dèi che ispireranno i lettori a considerare il loro posto nella società e a conoscere la storia.

Questi libri di mitologia prendono in considerazione anche fattori influenti come la religione, la letteratura e l'arte in un formato accattivante con foto e illustrazioni suggestive.

Titoli disponibili:

1. Antico Egitto: Una guida alle divinità egizie misteriose: Amon-Ra, Osiride, Anubi, Horus e altre
2. Antica Grecia: Una guida agli dèi, dee, divinità, titani ed eroi greci classici: Zeus, Poseidone, Apollo e altri
3. Antichi racconti norreni: Scopri gli dèi, le dee e i giganti dei vichinghi: Odino, Loki, Thor, Freia e altri

La serie di libri Teoria Semplice.

Benvenuti alla serie di libri Teoria Semplice. Scopri la filosofia, le idee dei filosofi antichi e altre teorie interessanti. Questi libri presentano le biografie e le idee dei filosofi più noti di luoghi chiave come l'antica Grecia e la Cina.

La filosofia è una materia complessa e molte persone fanno fatica a capirne anche solo le basi. Questi libri sono progettati per aiutarti ad imparare di più sulla filosofia e sono unici grazie al loro approccio semplice. Capire a fondo la filosofia non è mai stato così facile o divertente come in questo caso. Inoltre, ogni volume include anche delle domande in modo che tu possa scavare più a fondo nei tuoi pensieri e nelle tue opinioni!

Titoli disponibili:

1. Filosofia greca: Le vite e le idee dei filosofi dell'antica Grecia: Socrate, Platone, Pitagora e altri
2. Etica e morale: Filosofia morale, bioetica, sfide mediche e filosofi correlati

La serie di libri Empowerment dei giovani imprenditori

Benvenuti alla serie di libri dedicati all'Empowerment dei Giovani Imprenditori. Non è mai troppo presto per i giovani ambiziosi per iniziare a far carriera! Che tu sia un giovane dalla mentalità imprenditoriale che sta cercando di costruire il proprio impero, o un aspirante imprenditore che sta iniziando a risalire la strada lunga e tortuosa, questi libri ti ispireranno con le storie di imprenditori di successo.

Scopri le loro vite, i loro fallimenti e successi che ti faranno venire voglia di prendere il controllo della tua vita invece di viverla passivamente!

Titoli disponibili:

1. 21 Imprenditori di successo: Le vite di importanti personaggi influenti del 20° secolo: Elon Musk, Steve Jobs e altri
2. 21 Imprenditori rivoluzionari: Le vite di incredibili uomini d'affari del 19° secolo: Henry Ford, Thomas Edison e altri

La serie di libri Storia facile.

Benvenuto nella serie di libri Storia facile. Esplora vari soggetti storici dall'età della pietra ai tempi moderni, più le idee e le persone influenti che hanno vissuto nel corso dei secoli.

Questi libri sono un ottimo modo per farvi appassionare alla storia. Le persone sono spesso scoraggiate da libri di testo pesanti e noiosi, ma amano le storie delle persone comuni che hanno fatto la differenza nel mondo. Questi volumi ti daranno l'opportunità di scoprire le loro storie imparando importanti informazioni storiche.

Titoli disponibili:

1. La prima guerra mondiale: La prima guerra mondiale, le sue grandi battaglie, le persone e le forze coinvolte
2. La Seconda Guerra Mondiale: La storia della seconda guerra mondiale, Hitler, Mussolini, Churchill e altri protagonisti coinvolti
3. L'Olocausto: I nazisti, l'ascesa dell'antisemitismo, la Notte dei cristalli e i campi di concentramento di Auschwitz e Bergen-Belsen
4. La rivoluzione francese: L'Ancien régime, Napoleone Bonaparte e le guerre rivoluzionarie francesi, napoleoniche e della Vandea

I nostri libri sono disponibili in tutti i principali rivenditori di libri online. Guarda i nostri pacchetti di libri digitali qui:
https://payhip.com/studentPressBooksIT

Conclusione

Speriamo che ti sia piaciuto leggere degli 11 reali britannici del Casato di Windsor.

Da Giorgio V alla regina Elisabetta II e ai suoi nipoti, questo libro è un viaggio nel tempo attraverso i secoli nel Casato di Windsor.

Sia che tu abbia appena iniziato o che segua questi reali da tutta la vita, sappiamo che qui c'è qualcosa da imparare per tutti. Quindi vai avanti, siediti accanto a William e Kate mentre firmano la loro vita insieme all'Holyrood Palace di Edimburgo.

Questo libro è perfetto per tutti i lettori, che siano fan dei reali o semplicemente interessati a saperne di più sulla monarchia inglese!

Hai letto questa lettura educativa? Cosa ne pensi? Faccelo sapere con una bella recensione del libro!

Ci piacerebbe molto, quindi assicurati di scriverne una!

Lightning Source UK Ltd.
Milton Keynes UK
UKHW020746220222
399066UK00011B/622